AF356811

ÉTUDE BIBLIOGRAPHIQUE

SUR L'ÉDITION DU

SPECULUM QUADRUPLEX

DE VINCENT DE BEAUVAIS

ATTRIBUÉE A JEAN MENTEL OU MENTELIN, DE STRASBOURG

PAR

LE DR DESBARREAUX-BERNARD

PARIS

LIBRAIRIE LÉON TECHENER

RUE DE L'ARBRE-SEC, 52.

1872.

Paris. — Typographie Georges Chamerot, rue des Saints Pères, 19.

ÉTUDE BIBLIOGRAPHIQUE

SUR L'ÉDITION

DU *SPECULUM QUADRUPLEX*

DE VINCENT DE BEAUVAIS

ATTRIBUÉE A JEAN MENTEL OU MENTELIN, DE STRASBOURG.

———

Nous avons cru devoir placer en tête de ce travail, pure-
ment bibliographique, l'histoire sommaire du livre qui fait
le sujet de notre thèse, livre fort célèbre en son temps, et
dont les érudits seuls vont, de loin en loin, secouer la pous-
sière.

Vincent de Beauvais, l'auteur de ce volumineux ouvrage,
a dû naître, suivant M. Daunou, à qui nous empruntons
cette courte notice, dans une des vingt premières années du
règne de Philippe-Auguste, et plus probablement entre 1184
et 1194.

Ce qu'on sait le mieux de son histoire, c'est qu'il a été
frère prêcheur, et que saint Louis l'appela près de lui
vers 1228, pour remplir les fonctions de lecteur. Fleury lui
accorde le titre d'inspecteur des études des enfants de
Louis IX, et c'est en effet la seule part qu'il paraisse avoir
prise à leur éducation.

La qualification de *Bellovacensis*, constamment attachée
à son nom, autorise à croire, — et c'est l'opinion la plus
plausible, — qu'il naquit dans la ville ou dans le territoire
de Beauvais.

La tradition qui le faisait évêque de Beauvais a été aban-
donnée dans le dix-huitième siècle.

Ses études et ses travaux littéraires sont les principaux faits
de sa vie et les seuls qui nous soient parfaitement connus.

« Avide et insatiable de lecture, *librorum helluo*, comme disent plusieurs de ses biographes, il avait recherché, compulsé tous les ouvrages anciens et modernes dont il pouvait comprendre les textes ou se procurer des versions. Il en avait recueilli des extraits innombrables. L'immensité de ses lectures serait assez attestée par ses contemporains, si elle n'était plus immédiatement prouvée par sa volumineuse compilation. Encore nous apprend-il qu'il l'a réduite au tiers, par le conseil de ses amis. Elle se compose, dans les éditions qui ont été publiées, de quatre grandes parties, y compris celle dont l'authenticité nous semble fort douteuse. Il est incontestablement le rédacteur des trois autres, qui comprennent ensemble 82 livres (9,905 chapitres), dont on ferait aujourd'hui 5o à 6o volumes in-8° ou in-12. C'est véritablement l'encyclopédie du treizième siècle. Elle embrasse, dans presque tous les genres, le système des connaissances que l'on croyait alors acquises. Tant de travaux ont occupé toutes ses journées, toutes ses veilles; il n'a même achevé sa vaste entreprise qu'avec le concours de quelques-uns de ses confrères, qui transcrivaient les titres dont il voulait faire usage, et quelquefois les articles qu'il avait hâtivement rédigés. Il n'a pas moins été secondé par le roi Louis IX, qui mettait à sa disposition une première bibliothèque royale, déjà riche pour une telle époque, et qui payait les frais de copie et l'acquisition de beaucoup de livres. »

Vincent de Beauvais était mort avant l'avénement de Philippe III. (V. *Histoire littéraire de la France*, t. XVIII.)

I.

A combien de portes ne faut-il pas souvent frapper
pour résoudre la plus simple question bibliographique !

(*La Chasse aux incunables.*)

Guillaume de Bure, dans sa *Bibliothèque instructive*, à propos du *Speculum quadruplex* de Vincent de Beauvais, s'exprime ainsi : « Les contestations qui se sont élevées au sujet de cet ouvrage ne laissent pas d'être assez considérables, et les bibliographes qui en ont parlé, loin d'être d'accord ensemble, sont, au contraire, d'un sentiment tout à fait opposé. »

Depuis bientôt cent ans que cela est écrit, cette longue polémique dure toujours, et les nombreux travaux qu'elle a provoqués ne l'ont pas encore éclaircie.

Quelques recherches, entreprises à ce sujet, tout en nous confirmant l'obscurité de la question, nous ont pourtant permis de constater que la plupart des bibliographes se sont souvent prononcés à la légère, sans s'être donné la peine d'examiner, avec patience et avec méthode, les documents indispensables à la solution du problème.

Plusieurs d'entre eux, il est vrai, se sont tenus dans une sage réserve, espérant que le hasard mettrait, tôt ou tard, sous les yeux des chercheurs, le complément de preuves nécessaire à la connaissance de la vérité.

Nous partageons tout à fait cette manière de voir; mais, quelle que soit la part du hasard dans les découvertes bibliographiques, nous pensons qu'il est sage et prudent de ne pas trop compter sur lui. En attendant les éclaircissements qu'il pourra nous fournir un jour, nous allons étudier, avec soin, dans ce mémoire, les éléments bibliographiques de la question que nous nous sommes posée, et déterminer d'une manière précise les points vers lesquels doivent tendre désormais toutes les recherches.

II.

Voici d'abord la description exacte des quatre parties dont se compose l'édition du *Speculum quadruplex*, généralement attribuée à Mentelin.

1° SPECULUM NATURALE, in-fol. goth. (1), divisé en deux parties : la première de 318 feuillets, et la deuxième de 328; à 2 col. de 66 lignes; sans chiffr., récl. ni signat.; sans lieu ni date; sans nom d'imprimeur. Papier très-fort, d'un blanc un peu fauve, ayant parfois la densité d'un mince carton. Il a pour filigranes : la scie à manche; le croissant surmonté d'un style rayonné; le pélican; une petite tour à cône tréflé; les roses à huit ou neuf pétales de moyenne grandeur. (V. pl. IV et V.) La justification donne aux colonnes 332 millim. de hauteur et 95 de largeur. Les caractères ont sept points typographiques (4 millim.). La majuscule A a une forme particulière qui n'a été signalée par aucun bibliographe. Nous la trouverons aussi, mais sensiblement modifiée, dans quelques autres parties de l'édition. A propos de majuscules, nous dirons, pour n'y plus revenir, que les lettres capitales employées dans les diverses parties du *Speculum quadruplex*, imprimées soit en semi-gothique, soit en lettres rondes, appartiennent aux caractères romains.

La Bibliothèque nationale possède un exemplaire sur vélin et deux exemplaires sur papier de ce *Speculum*.

2° SPECULUM DOCTRINALE, in-fol. goth. de 400 feuillets (404 selon le catalogue du Dr Closs. Londres, 1835, in-8°), à 2 col. de 67 lignes; sans indices. Ce volume est imprimé avec les mêmes caractères et sur un papier semblable à celui du *Speculum naturale*. Cette édition, ainsi que les différentes parties du *Speculum majus*, en caractères *semi-gothiques*, et

(1) *Gothique*, suivant de Bure (*cat.* Mac-Carthy); *semi-gothique*, suivant plusieurs bibliographes; en *lettres rondes tirant sur les lettres de somme*, selon Van Praët (*Cat. des livres imprimés sur vélin de la Bibliothèque du roi*, n° 451); et en *lettres rondes, tirant sur la gothique*, selon Brunet.

ayant 67 lignes aux colonnes entières, renferment deux sortes d'A et deux sortes d'R (Pl. I.) majuscules d'une forme singulière. La justification diffère un peu de celle du *Speculum naturale*, de 66 lignes. Les colonnes, ayant une ligne de plus, ont 334 millim. de hauteur. Le format du volume, cela se comprend, est nécessairement plus grand. Pourtant la largeur des colonnes est la même (95 millim.).

Plusieurs bibliographes mentionnent une autre édition de ce livre, imprimée avec les mêmes caractères, mais qui présente quelques différences dans les abréviations, et particulièrement dans la dernière ligne (1).

L'une de ces deux éditions, au dire de Van Praët, ne renfermerait pas la capitale R de forme singulière. Nous avons examiné avec soin les trois exemplaires du *Speculum doctrinale* de 67 lignes que possède la Bibliothèque nationale, tous les trois renferment les deux AA et les deux RR. Nous ne croyons pas à l'existence d'une édition semi-gothique de 67 lignes ne renfermant pas ces deux a et ces deux r. Van Praët, sans y prendre garde, avait probablement sous les yeux un *Speculum doctrinale* de 66 lignes, et se sera trompé en les comptant.

3° SPECULUM MORALE, in-fol., lettres rondes, avec la majuscule A modifiée (Pl. II.), 676 feuillets à 2 col. de 62 lignes; sans chiffr., récl. ni signat.; sans initiales, avec un titre courant au haut des pages. L'avant-dernier feuillet est terminé par cette souscription :

Vincentii Beluacensis sacre theologie doctoris eximii ordinis fratrum predicatorum Speculum morale in quo primo de

(1) Cette différence ne tiendrait-elle pas à ce qu'on a confondu entre elles, jusqu'à ce jour, les éditions de 66 et de 67 lignes? Et si, comme nous le pensons, les dernières lignes des *Speculum doctrinale* de 66 et de 67 lignes ne sont pas identiques, il serait facile d'expliquer la *surprise* des bibliographes qui ont signalé cette anomalie.

Nous sommes malheureusement aujourd'hui dans l'impossibilité de constater l'exactitude de cette remarque qui aurait, pour nous, l'avantage de fournir un argument de plus aux conclusions que nous allons prendre tout à l'heure.

virtutibus eas extollendo. Secundum de quatuor novissimis et de morte non timenda ob h' q' mors malorum non est de vitiis ipsa carpendo disseritur. Finit feliciter. Impressum in inclyta urbe Argentinensium de nitide terse emendateque refertum per honorandum dominum dominum Johannem Mentelin artis impressorie magistrum famosissimum. Anno a partu virginis salutifero millesimo quadringentesimo septuagesimo sexto. Die mensis novembris nona.

Très-beau papier, plus blanc peut-être que celui des parties imprimées en caractères semi-gothiques, ayant pour filigranes la rose à huit pétales de deux dimensions ; le croissant à style rayonné ; la scie à manche et le pélican. La Bibliothèque nationale en possède un exemplaire. Tous les exemplaires ne portent pas la souscription finale. (Van Praët.)

4° SPECULUM HISTORIALE, 4 vol. in-fol. à 2 col. de 62 lignes ; sans chiffr., récl. ni signat. Au verso, deuxième colonne du dernier feuillet, se trouve la souscription suivante :

Explicit . Speculum . historiale . fratris . Vicentii . ordinis . predicatorum . Impressum . per . Johannem . Mentellin (sic) . Anno . domini . millesimo . quadringentesimo septimo tercio . quarta die novembris.

Caractères, papier, filigranes, justification tout à fait semblables à ceux du *Speculum morale* de 62 lignes. Le nom de Mentelin se trouve dans la souscription finale de chaque volume. La Bibliothèque nationale en possède un exemplaire.

Tous les bibliographes ont encore signalé une autre édition du *Speculum historiale*, 4 vol. in-fol. (1) goth. ou semi-gothique, à 2 col. de 67 lignes ; sans indices ; caractères et papier semblables à ceux du *Speculum doctrinale* de 67 lignes et renfermant les deux majuscules de forme singulière. La Bibliothèque nationale en possède deux exemplaires.

______

(1) Le 1er volume a 156 ff., le 2e, 176, le 3e, 176, et le 4e, 192.

III.

Telle est l'édition du *Speculum quadruplex* généralement attribuée à Mentelin, et depuis longtemps décrite en Allemagne par Maittaire (1), Panzer (2), etc., etc., et en France par M. Duve, 1752 (3), par Fournier, 1759 (4), par de Bure, 1768 (5), par Van Praët, 1815 (6), par Brunet, 1840 (7), etc., etc.

Parmi ces bibliographes éminents, tous plus ou moins partisans de l'édition *mentelienne*, Fournier et Van Praët sont, sans contredit, ceux dont l'opinion est la plus exclusive. Chez Van Praët surtout, la conviction a quelque chose de raide et de magistral que l'étrangeté du langage, — Van Praët était né à Bruges, — rend souvent obscur.

Le lecteur en jugera : « Tous les volumes des *Speculum*
« qu'on vient de décrire, dit-il, sont imprimés à Stras-
« bourg, par Jean Mentelin. Quoique son nom ne paraisse
« que dans quelques-unes des éditions, il est néanmoins cer-
« tain qu'elles sortent toutes des presses de cet imprimeur,
« car c'est avec les mêmes caractères qu'est exécuté le
« *Pharetra doctorum*, où l'on voit, dans presque toutes les
« pages, l'emploi des caractères de son *Virgile* sans date,
« caractères qu'on retrouve à leur tour dans son *Liber*
« *quartus S. Augustini de Doctrina christiana*, seule édition
« imprimée avec de semblables types, et laquelle porte son
« nom. C'est la seule aussi qui ait servi à reconnaître un

(1) Maittaire, *Annal. typogr.*, 1733, t. I, p. 324.

(2) Panzer, *Annal. typogr.*, 1793, t. I, pp. 18, 19.

(3) David Clément, *Biblioth. curieuse*, t. III, p. 76 et suivantes, note.

(4) Fournier, *Origine de l'imprimerie primitive en taille de bois*, pp. 88, 89.

(5) De Bure, *Bibliothèque instructive*, histoire, t. I, p. 247 et sui-vantes.

(6) Van Praët, *Cat. des livres imprimés sur vélin*, n° 451.

(7) Brunet, *Manuel du Libraire*, art. Vincent de Beauvais.

*

« grand nombre d'éditions dont on a ignoré longtemps le
« véritable imprimeur. »

Analysons un peu cette longue période. « Tous les vo-
« lumes des *Speculum*, dit Van Praët, sont imprimés à
« Strasbourg, par Jean Mentelin, quoique son nom ne pa-
« raisse que sur quelques-unes de ces éditions. » Non pas
sur quelques-unes, s'il vous plaît, mais sur une seule, celle
de 62 lignes.

« Il est néanmoins certain qu'elles sortent toutes des
« presses de cet imprimeur, car c'est avec les mêmes carac-
« tères qu'est exécuté le *Pharetra doctorum...* » De quels
caractères Van Praët veut-il parler? A-t-il donc oublié que
les *Speculum* sont imprimés, les uns en caractères gothiques
ou semi-gothiques et les autres en caractères ronds? En
d'autres termes, ces mots : *les mêmes caractères* s'appliquent-
ils à l'édition de 66 ou de 67 lignes, ou bien à celle de
62 lignes? Dans la pensée de Van Praët, ils s'appliquent
évidemment à toutes les éditions à la fois.

Van Praët, ayant très-bien compris qu'il était impossible
d'expliquer pourquoi Mentelin avait imprimé une moitié de
l'œuvre de Vincent de Beauvais en caractères semi-gothiques
et l'autre moitié en caractères ronds, a cherché, pour le
besoin de sa cause, à rendre cette disparité moins cho-
quante. Pour cela, en décrivant l'édition de 66 lignes, il a
supprimé le mot caractéristique *semi-gothique*, et l'a rem-
placé par cette courte périphrase : « édition en lettres
« rondes tirant un peu sur les lettres de somme (Pl. III). »
Toutefois, en décrivant celle de 67 lignes, il ne parle plus
de lettres rondes, et, supprimant le *tirant un peu*, il la déclare tout simplement imprimée en lettres de somme.

Nous en demandons bien pardon à la mémoire de Van
Praët, mais l'esprit de système a fait commettre à ce savant
bibliographe une erreur manifeste; car rien ne ressemble
moins aux *lettres rondes* que les *lettres de somme* (1), qui
ne sont autre chose qu'un gothique dont les angles et les

______

(1) Caractères avec lesquels on imprima la *Somme* de saint Thomas.

pointes ont été adoucis et qui, par conséquent, est très-facile
à distinguer du *semi-gothique*, beaucoup moins perfectionné,
dont on s'est servi pour les *Speculum* de 66 et de 67 lignes.

Poursuivons notre analyse : « Car c'est avec les mêmes
« caractères qu'est exécuté le *Pharetra doctorum*, où l'on
« voit dans *presque* toutes les pages (pourquoi *presque?*)
« l'emploi des caractères de son *Virgile* sans date, carac-
« tères qu'on retrouve à leur tour dans son *Liber quartus*
« *S. Augustini de Doctrina christiana*, seule édition impri-
« mée avec de semblables types, et laquelle porte son
« nom. »

Il règne dans ce passage une telle confusion qu'il est impossible d'en tirer une conséquence rigoureuse. Ce que
nous y voyons de plus clair, c'est que Van Praët cherche à
prouver que *les mêmes caractères* semi-gothiques ou ronds,
— il ne spécifie pas, — qui ont servi à l'impression du *Pharetra doctorum*, du *Virgile* et du *Liber quartus S. Augustini
de Doctrina christiana*, sont les mêmes que ceux avec lesquels
Mentelin aurait imprimé toutes les parties de son *Speculum
quadruplex*.

Pour trancher définitivement cette question, nous avons
comparé, à la Bibliothèque nationale, les trois ouvrages que
nous venons de citer, avec les différentes parties du *Speculum
quadruplex* de l'édition *mentelienne*, et nous affirmons qu'il
nous a été impossible de constater entre ces diverses impressions une identité telle qu'elle puisse servir de base à une
affirmation catégorique. En bibliographie, dans l'apprécia-
tion des types, on ne doit jamais procéder et conclure par à
peu près.

IV.

Voici maintenant l'explication adoptée par Fournier. Van
Praët n'en a parlé nulle part. Aurait-il redouté la compa-
raison (1)? Nous croyons du reste devoir certifier ici que,

(1) L'explication de Van Praët est absolument la même, au fond, que

parmi les nombreux bibliographes qui se sont occupés du *Speculum quadruplex* attribué à Mentelin, Van Praët est le seul qui ait parlé de *lettres rondes tirant un peu sur les lettres de somme*. Rappelons cependant que Brunet, ne voulant pas copier Van Praët mot à mot, au lieu de *tirant sur les lettres de somme*, a mis *tirant sur le gothique*. Cette variante ne vaut pas mieux, car *le gothique* ne ressemble pas plus aux *lettres rondes* que les *lettres de somme*. Évidemment Brunet ne s'est pas donné la peine d'y regarder de plus près.

Fournier, aussi exclusif que Van Praët, aborde plus franchement la question. Il ne recule pas devant l'objection et attaque franchement le bœuf par les cornes. Loin de chercher dans les caractères des diverses parties du *Speculum quadruplex*, soit un rapport, soit une ressemblance qui n'existent pas, il déclare que « le changement de caractères « que l'on voit au *Speculum historiale* et dans la suite de cet « ouvrage de Vincent de Beauvais, n'a rien qui puisse em- « pêcher d'attribuer à Mentel les deux volumes du *Speculum* « *naturale*. On sait que les premiers caractères étaient dans « le goût de l'écriture du temps, demi-gothique, mais que « peu après Nicolas Jenson inventa le caractère *romain* (1), « dont Mentel a fait usage, dans la suite de cet ouvrage, « après avoir usé sa première fonte à faire les impressions « de son *Catholicon* et du *Speculum naturale* dont nous par- « lons (2)... »

Si nous avions à choisir entre ces deux explications, nous préférerions très-certainement celle de Fournier à celle de Van Praët. Mais, nous le démontrerons tout à l'heure, elles ne sont acceptables ni l'une ni l'autre.

celle de Fournier ; mais Van Praët, en se l'appropriant, l'a élevée à la hauteur d'un système.

(1) « On a eu tort de dire que Jenson avait le premier gravé des ca- « ractères romains : depuis cinq ans, les imprimeurs italiens en avaient « produit beaucoup ; mais aucun, on peut l'affirmer, n'avait atteint au « même degré la grâce et la perfection. » (A. Bernard, *Histoire de l'im- primerie*, t. II, p. 184.)

(2) Loc. cit., pp. 84 et 85.

V.

Avant d'émettre notre opinion sur ce sujet, il nous a paru indispensable d'indiquer sommairement les critiques formulées par quelques bibliographes contre l'édition du *Speculum quadruplex* attribuée à Mentelin.

Nous ne parlerons que pour mémoire de ceux qui pré tendent que certaines parties de cette édition « ont été « imprimées en différents endroits, et principalement à « Nuremberg, par Antoine Koburger, tant en 1473 qu'en « diverses années postérieures. » Cette objection, d'ailleurs, tombe d'elle-même, puisque les différentes parties du *Speculum quadruplex* publiées par Koburger portent son nom (1).

Un savant bibliographe italien, feu M. Costanzo Gazzera, bibliothécaire de l'université de Turin, a publié, dans le 28ᵉ volume des *Mémoires de l'Académie des sciences* de cette ville, une note dans laquelle il se demande « si cer- « taines éditions dépourvues de nom et de lieu d'impression, « et de date, que la commune opinion des bibliographes « attribue généralement à Jean Mentel, ou Mentelin, de « Strasbourg, lui appartiennent réellement ? » Et il se décide pour la négative (2).

(1) La Bibliothèque nationale possède le *Speculum doctrinale* de Koburger. En voici la description : in-fol., goth. à 2 col. de 79 lignes, papier fort ; ayant pour filigrane : 1° *la balance dans un cercle, moyenne grandeur ; 2° la scie à manche.*

On lit à la fin : *Speculum doctrinale vincentii belvacensis fratris ordinis predicatorum in regia imperialique civitate Nurembergk : expensis itaque et solertiis spectabilis Antonij Kobergers (sic), inibi cujus et incole his ereis figuris effigiatum : Castigatum : emendatum et faustissime perornatum finit. Anno a natali xqiano. M.CCCC.LXXXVJ. Kal. xvij aprilis.*

La Bibliothèque nationale possède aussi son *Speculum morale.* Suivant Brunet, le *Speculum naturale* de Koburger a été imprimé en 1483.

(2) Hubaud. *Rapport sur un mémoire de M. C. Gazzera, etc.*, Marseille, 1851, in-8°.

**

Nous n'avons pas pu nous procurer les *Mémoires de l'Académie des Sciences* de Turin, et nous le regrettons vivement; mais, si nous en croyons le rapport fait à ce sujet à l'*Académie de Marseille*, par M. Hubaud, membre de cette compagnie, l'argumentation de M. Gazzera serait basée sur la présence de la fameuse majuscule R, — si connue des bibliographes, — dans un grand nombre d'incunables (23) dépourvus d'indices et imprimés, soit en caractères *semi-gothiques*, soit en *caractères ronds*. M. Gazzera n'admet pas que Mentelin ait pu imprimer, en même temps, des ouvrages en caractères *semi-gothiques* et en caractères *ronds* renfermant, les uns et les autres, la majuscule R.

Le rapport de M. Hubaud est un peu long et surchargé d'érudition, ce qui nuit parfois à l'enchaînement des idées ; aussi, nous l'avouons en toute humilité, n'avons-nous peut-être pas bien saisi l'argumentation de M. Gazzera.

Écoutons maintenant M. Auguste Bernard (1), qui a, selon nous, entrevu la solution du problème que nous recherchons.

« Je ne terminerai pas cet article, dit-il, — celui de
« Strasbourg, — sans relever une erreur généralement accré-
« ditée parmi les bibliographes, et qui consiste à attribuer à
« Mentelin les impressions dans lesquelles on trouve une R
« majuscule d'une forme bien connue et dont voici le *fac-*
« *simile* : R. Il est aujourd'hui constaté que cette lettre ne
« paraît dans aucun des livres souscrits par Mentelin, et que
« le caractère dans lequel elle se trouve est un peu plus
« petit que celui de cet artiste (2).

« La confusion vient de ce que le possesseur anonyme de
« ce caractère a imprimé une édition de saint Vincent de

(1) A. Bernard, *Origine de l'imprimerie en Europe*, t. II, p. 105 et suivantes.

(2) M. A. Bernard a oublié que la fameuse R se trouve dans deux sortes d'ouvrages imprimés, les uns en caractères *semi-gothiques* et les autres en *lettres rondes;* il suit de là qu'on ne sait lequel de ces deux caractères M. A. Bernard a voulu comparer avec celui de Mentelin.

« Beauvais (1), qu'on a eu le tort de confondre avec celle de
« Mentelin. Le rédacteur du catalogue de la bibliothèque du
« docteur Kloss, de Francfort-sur-le-Main (*sic*), imprimé à
« Londres en 1833, in-octavo, a parfaitement éclairci le fait,
« grâce à l'existence dans cette bibliothèque des deux édi-
« tions différentes du *Speculum historiale* : l'une, souscrite
« par Mentelin, et sans la lettre R, l'autre, sans aucune note
« bibliographique, mais avec la lettre R, la première ayant
« 62 lignes à la colonne, la seconde 67, et, chose singu-
« lière, toutes les deux imprimées avec le même papier, ce
« qui semble prouver que les deux imprimeurs étaient con-
« temporains et exerçaient dans la même contrée (2). »

M. A. Bernard donne ensuite la « description des volumes
« de saint Vincent de Beauvais, qu'on peut attribuer à l'au-
« teur anonyme. » C'est-à-dire : 1° le *Speculum naturale* de
66 lignes, 2° le *Speculum historiale* de 67 lignes, et 3° le
Speculum doctrinale de 67 lignes.

Quant au *Speculum morale*, voici comment il s'explique à
ce sujet : « On ne sait pas encore si cet imprimeur a publié
« le *Speculum morale*, dont on attribue deux éditions à Men-
« telin, l'une en caractères *semi-gothiques*, l'autre avec son
« nom et la date de 1476. »

Nous ignorons où M. A. Bernard a puisé ce renseigne-
ment, car aucun bibliographe n'a signalé jusqu'à ce jour ni
le *Speculum morale* de 66, ni celui de 67 lignes. Nous ver-
rons tout à l'heure qu'ils n'ont jamais été imprimés.

---

(1) Où diable M. A. Bernard a-t-il vu que Vincent de Beauvais ait été
canonisé ?

(2) Nous sommes vraiment surpris de voir M. A. Bernard relever
dans un catalogue étranger un fait qu'il lui eût été facile de constater,
s'il avait voulu se donner la peine d'examiner, à la Bibliothèque nationale, les nombreuses éditions du *Speculum quadruplex* qu'elle renferme.

Grâce à la bienveillance de M. Taschereau et au dévouement, c'est
le mot, de M. Paul Billard, nous avons pu comparer entre elles les différentes parties des quatorze éditions, plus ou moins complètes il est
vrai, qui furent mises à notre disposition et dans lesquelles nous avons
puisé les principaux matériaux de notre travail.

VI.

Passons maintenant à un ordre de preuves qui nous permettra de démontrer que les diverses parties du *Speculum quadruplex* attribuées généralement à Mentelin appartiennent à trois éditions différentes.

Rappelons ici que, selon la plupart des bibliographes, l'édition mentelienne est ainsi constituée :

1° *Speculum naturale*, 1 vol. en deux parties, semi-gothique, de 66 lignes.

2° *Speculum doctrinale*, 1 vol., semi-gothique, de 67 lignes.

3° *Speculum morale*, 1 vol., lettres rondes, de 62 lignes.

4° *Speculum historiale*, 4 vol., lettres rondes, de 62 lignes.

Les deux dernières parties sont signées par Mentelin, les deux premières sont sans indices.

Première édition, *semi-gothique*, de 66 lignes, avec la majuscule 𝕬 de forme singulière, 6 vol. in-fol. (1) :

1° *Speculum naturale*, signalé par tous les bibliophiles.

2° *Speculum doctrinale*, à la bibliothèque Sainte-Geneviève.

(1) On ne rencontre jamais, soit dans les bibliothèques publiques ou privées, soit dans le commerce, les différentes éditions du *Speculum quadruplex*, reliées suivant la tomaison établie par l'auteur. Cela se comprend, car les volumes sont si grands, si épais et si lourds, qu'on a dû, fort souvent, afin de les manier sans trop de fatigue, les diviser d'une manière arbitraire, en un certain nombre de parties.

C'est ainsi, par exemple, que l'édition attribuée à Jean Mentelin, vendue 685 fr. chez Mac-Carthy, avait dix volumes quoiqu'elle n'en ait réellement que sept, et que le *Speculum naturale* de la bibliothèque de Toulouse, ordinairement divisé en deux ou trois tomes, se trouve relié en quatre.

Nous terminerons cette note en faisant observer que ce livre est fort rare aujourd'hui et que les parties isolées, que l'on trouve parfois encore, sont elles-mêmes presque toujours incomplètes.

3° *Speculum morale*. N'a jamais été imprimé.

4° *Speculum historiale*, à la Bibliothèque nationale.

Seconde édition, semi-gothique, de 67 lignes, avec les deux AA et les deux RR, 6 vol. in-fol. :

1° *Speculum naturale*. La bibliothèque de Toulouse possède un exemplaire du *Speculum naturale* de 66 lignes, dont les deux parties sont divisées en quatre tomes. Le premier de ces tomes, qui contient le prologue et les huit premiers livres de l'ouvrage, appartient à l'édition semi-gothique des *Speculum* de 67 lignes, et dans lesquelles on remarque les deux majuscules déjà signalées.

C'est en dressant le catalogue des incunables de la bibliothèque de Toulouse que nous avons découvert ce rare volume, qui prouve sans conteste l'existence d'un *Speculum naturale* de 67 lignes inconnu jusqu'à ce jour.

2° *Speculum doctrinale*, semi-gothique, de 67 lignes. La Bibliothèque nationale en possède plusieurs exemplaires.

3° *Speculum morale*. Il n'a jamais été imprimé.

4° *Speculum historiale*, 4 vol., *semi-gothique*, de 67 lignes. Signalé par tous les bibliographes.

Troisième édition, lettres rondes, à 2 colonnes de 62 lignes, et souscrite par Mentelin, 7 vol. in-folio :

1° *Speculum naturale*, 1 vol. en deux parties, signalé par Maittaire (1).

(1) « ... Hujus Speculi prima editio rarissimè occurrit ; character est « gothicus et satis venustus, columnas duas unaquæque pagina complec- « titur, ejusdem duas tantùm vidi partes, *naturalem* et *historialem*, « quatuor voluminibus comprehensas. Volumen primum continebat « Speculi naturalis partem primam, octodecim libris ; secundum, se- « cundam ejusdem, quindecim libris (libri itaque Speculi naturalis « sunt triginta tres): volumen tertium continebat Speculi historialis par- « tem primam octo libris... (et ad calcem; explicit, etc., etc.) » Suit la souscription finale que tout le monde connaît. (Maittaire. *Loc. cit.*, t. I, p. 234. Note.)

La souscription mentelienne du *Speculum historiale* prouve claire- ment que le *Speculum naturale*, faisant partie des quatre volumes signalés par Maittaire, appartient à l'édition *semi-gothique* de 62 lignes, car si

2° *Speculum doctrinale*, 1 vol. Nous n'en connaissons pas d'exemplaire.

3° *Speculum morale*, 1 vol. La Bibliothèque nationale en possède un exemplaire. Il porte la date de 1476.

ce *Speculum* eût appartenu à l'édition semi-gothique de 66 ou à celle de 67 lignes, Maittaire n'aurait pas manqué de faire remarquer les différences qui existent dans les types de ces deux éditions. En indiquant ensuite la forme des caractères des quatre volumes qu'il avait sous les yeux, il ne les eût pas confondus sous cette même désignation : *Character est gothicus et satis venustus*, s'ils n'eussent pas été parfaitement identiques. D'ailleurs l'épithète de *satis venustus* nous paraît mieux convenir au caractère *rond* qu'au caractère *semi-gothique*.

Nous devons ici rendre justice à de Bure ; car, s'inspirant de la note de Maittaire, il a, pour ainsi dire, entrevu l'édition complète du *Speculum quadruplex* de 62 lignes. Malheureusement, n'ayant fait qu'effleurer son sujet, il n'a pas osé conclure affirmativement. Sachons-lui gré de sa perspicacité. Les bibliographes, venus après lui, ont eu, selon nous, le tort de n'avoir pas suivi le filon qu'il avait découvert.

Voici le passage de de Bure. Après avoir signalé l'opinion de ceux qui s'inscrivent en faux contre l'édition en X volumes, entièrement imprimée à Strasbourg, par Jean Mentelin, et qu'il regarde comme imaginaire, il s'élève contre ce dernier sentiment en considérant, « 1° que les cinq volumes (Maittaire n'en indique que quatre) des deux « *Speculum naturale et historiale*, rapportés par M. Maittaire, et ceux « qui l'ont précédé, existent bien réellement imprimés par Jean Men-« telin en 1473, ce dont nous avons eu nous-même la preuve entre les « mains, après avoir compulsé plusieurs volumes séparés tant de l'une « que de l'autre de cette première édition (A). 2° Si l'on joint à ces « cinq volumes le *Speculum morale* que les derniers écrivains contraires « ont indiqués (*sic*) comme ayant été imprimé par le même MENTELLIN « en 1473 (1476) et qui peut avoir été divisé en plusieurs tomes, il ne « resterait plus que le *Speculum doctrinale* pour compléter entièrement « cette édition. Or il est à croire que Jean MENTELLIN, ayant imprimé « trois parties de cet ouvrage, aura certainement dû exécuter de même « la quatrième et dernière partie.

« Au reste, sans vouloir rien avancer de plus en faveur de cette édi-« tion, jusqu'à ce que nous soyons un peu plus instruits à son sujet, « nous pensons que l'on doit, pour le présent, s'en rapporter plutôt au « sentiment de M. Maittaire et de ceux qu'il a suivis, qu'à l'opinion « contraire. » (*Loc. cit.* t. I, p. 250-51.)

(A) La fin de cette phrase n'est pas claire.

4° *Speculum historiale*, 4 vol. La Bibliothèque nationale
en possède un exemplaire. Il porte la date de 1473.

VII.

La découverte du *Speculum naturale*, en caractères *semi-gothiques*, de 67 lignes, doit nous faire espérer que l'on
découvrira tôt ou tard le complément de l'édition en lettres
rondes, de 62 lignes, souscrite par Mentelin, c'est-à-dire le
Speculum doctrinale. C'est le cas de rappeler ici l'argument
topique de de Bure, que nous avons cité dans la note de la
page précédente.

Quant au *Speculum morale* des éditions *semi-gothiques*
de 66 et de 67 lignes, nous pensons qu'il n'a jamais été
imprimé. Tout extraordinaire que cela paraisse, nous allons
essayer de prouver notre allégation.

C'est dans un article fort remarquable de M. Daunou, sur
Vincent de Beauvais, inséré dans le tome XVIII de l'*Histoire
littéraire de la France*, que nous allons puiser notre argument suprême.

La citation sera longue, mais nous n'hésitons pas à la
faire, car il est rare de trouver, dans des discussions de ce
genre, une aussi grande somme d'érudition alliée à autant
d'intérêt et surtout à autant de clarté.

M. Daunou, après avoir reproduit le passage du 20ᵉ chapitre du prologue, dans lequel l'auteur lui-même établit la
division de son *Speculum majus* en quatre parties, ajoute :
« Des déclarations si positives ne laissent aucun doute sur la
« division en quatre parties, mais il s'en faut que cette pré-
« face se lise dans les manuscrits antérieurs à l'an 1320
« comme dans ceux des âges suivants et dans les imprimés...
« En comparant ces copies primitives aux éditions, voici les
« différences que l'on remarque dans le prologue de tout
« l'ouvrage.

« Les copistes du quatorzième siècle, après 1310 ou 1320,
« ceux du quinzième et, à leur exemple, les éditeurs ont

« retranché de ce prologue un morceau du chapitre x, et le
« chapitre xi tout entier. Vincent y répondait aux censeurs
« qui lui reprochaient, les uns une insupportable prolixité,
« les autres une brièveté excessive. Il commençait par
« s'excuser sur l'immense étendue de son travail : *Verùm
« operi longo fas est ignoscere somno*, leur disait-il, en alté-
« rant un vers d'Horace pour le faire léonin. Il leur pré-
« sentait ensuite des considérations plus spéciales sur l'ordre
« qu'il avait établi entre les matières ; il parlait du livre
« consacré par lui à la morale, *de Ethicâ id est morali*, où
« les maximes des philosophes et des poëtes s'entremêlaient
« aux préceptes de la théologie chrétienne... ; il annonçait
« le traité des vices et des vertus, *de Vitiis et Virtutibus*,
« comme l'un des livres du *Speculum doctrinale*, et le rap-
« prochait des livres qui concernaient l'économie domes-
« tique et la politique. D'un *Speculum morale*, il n'en faisait
« mention nulle part.

« Bien au contraire, le chapitre xvii du prologue, devenu
« le xvi° par la suppression du xi°, avait pour titre : *de
« trifariâ divisione totius operis*, et non pas, comme aujour-
« d'hui, *quadrifariâ*. On lisait dans ce chapitre : *Opus
« universum in tres partes... in tria volumina... distincti...
« prima siquidem prosequitur naturam et proprietatem om-
« nium rerum, secunda materiam et ordinem omnium artium,
« tertia verò seriem omnium temporum*. Au chapitre xviii
« (depuis xvii) il n'était encore question que de trois par-
« ties : l'historiale était toujours appelée la troisième : *in
« tertiâ parte... vellem... de sanctorum miraculis rescidisse
« nonnulla*. Les copistes ont changé partout *tertiâ* en *quartâ*,
« et interpolé çà et là les lignes qui supposent un *Speculum
« morale* devant occuper la troisième place.

« Des altérations si graves ayant passé dans les imprimés,
« il n'est pas étonnant que la plupart des auteurs modernes
« qui ont parlé du *Speculum majus*, tel que Raphaël Mattei
« de Volterra, J. Gr. Vossius, Belleforêt, Labbe, Altamura,
« Fabricius, Morhof, l'aient tenu pour composé de quatre
«

« grandes parties. Toutefois Henri de Gand , à la fin du
« treizième siècle, n'en avait connu que trois : *Triplex*
« *Speculum, historiale, allegoricum, et morale.* Ces déno-
« minations étaient assez peu justes : elles ne supposent pas
« une connaissance bien précise de l'ouvrage, mais elles
« peuvent contribuer à montrer qu'avant 1300 on ne le
« divisait qu'en trois parties principales. Fleury, toujours si
« judicieux quand il ne se met point à recueillir, comme
« Vincent de Beauvais, des légendes miraculeuses, Fleury
« n'admet que trois Miroirs : le naturel, le doctrinal et l'his-
« torial. Les dominicains Erhard et Touron embrassent la
« même opinion, et en exposent tout au long les preuves... »

Après avoir longuement et très-clairement discuté les
motifs qui prouvent que le *Speculum morale* n'a pas été
écrit par Vincent de Beauvais, M. Daunou ajoute : « Le
« *Speculum morale* n'est donc qu'une compilation déplo-
« rable, fabriquée on ne sait à quelle époque précise, mais
« après 1310, par un inconnu qui, en y attachant le nom de
« Vincent de Beauvais, l'a remplie d'articles dérobés à des
« auteurs du treizième siècle et principalement à Thomas
« d'Aquin... »

M. Daunou termine sa discussion par ces mots : « Quoi
« qu'il en soit, nous n'aurons plus à considérer dans le
« *Speculum majus* que ses trois parties indiquées par le véri-
« table prologue. »

D'après la démonstration si nette et si précise de M. Daunou, il est incontestable que, dans les manuscrits antérieurs
à 1300, le chapitre XVII du prologue a pour titre : *trifariâ
divisione totius operis*, et non pas *de quadrifariâ*, comme
dans les manuscrits postérieurs à cette date ; que, par conséquent, Vincent de Beauvais avait divisé son œuvre en trois
Miroirs : *opus universum in tres partes... in tria volumina...
distincti...*, et que nulle part il n'a fait mention d'un *Speculum morale.*

Si nous ajoutons à ces considérations puissantes le silence
de tous les bibliographes sur l'existence d'un *Speculum*

morale de 66 ou 67 lignes, et l'inutilité de nos recherches dans les grandes collections de livres de la France, ne serons-nous pas en droit d'affirmer que les éditions en caractères *semi-gothiques* des *Speculum majus* de 66 et de 67 lignes ne contiennent que trois Miroirs, le *naturel*, le *doctrinal* et l'*historial;* qu'elles constituent l'édition princeps de l'œuvre de Vincent de Beauvais, et enfin qu'elles ont été imprimées d'après les manuscrits du treizième siècle, dans lesquels il n'est fait aucune mention du *Speculum morale?*

VIII.

Quoiqu'il y ait peu d'importance à rechercher laquelle des deux éditions de 66 ou de 67 lignes a été publiée la première, nous optons cependant pour celle de 66 lignes. Il nous serait peut-être difficile de justifier cette préférence ; mais si la variété dans la forme des majuscules peut être considérée comme un perfectionnement de l'imprimerie, l'édition de 67 lignes, dans laquelle on trouve deux sortes d'A et deux sortes d'R, a dû conséquemment paraître après celle de 66 lignes, qui ne renferme qu'une seule sorte de ces majuscules.

Le nom des imprimeurs nous est tout à fait inconnu. Cependant l'identité des caractères, à part une majuscule, et celle du papier démontrent clairement que les deux éditions sont sorties du même atelier typographique.

Quant à la date de l'impression, il est fort difficile de la préciser ; toutefois, les caractères ronds ayant succédé aux gothiques, nous croyons qu'elle a précédé de peu de temps celle de l'édition de Mentelin.

Nous ignorons également le lieu où elles ont été imprimées. A cet égard nous partageons l'opinion de M. A. Bernard, qui, se fondant sur l'identité des papiers, déclare que l'imprimeur anonyme des éditions semi-gothiques était contemporain de Mentelin et habitait la même contrée ; et nous ajouterons, nous, la même ville peut-être.

Nous ferons observer à cet égard que les papiers de ces différentes éditions sont identiquement les mêmes, et que les filigranes qui les distinguent appartiennent très-certainement aux fabriques allemandes.

Cette circonstance, que nous tenons à constater, nous fournira un jour un argument propre à démontrer que tous les ouvrages renferment l'*A* et l'*R* de forme singulière, qu'ils soient imprimés en *caractères semi-gothiques* ou en *carcatères ronds*, ont été imprimés en Allemagne et non en Italie, comme l'ont prétendu quelques bibliographes.

Si nous ne nous trompons pas, si nos déductions sont exactes, l'édition du *Speculum majus* de 66 lignes serait l'édition princeps de l'œuvre de Vincent de Beauvais ; l'édition de 67 lignes serait la seconde ; l'édition de Mentelin n'occuperait que le troisième rang : ce qui n'empêche pas de la regarder jusqu'à un certain point comme une édition princeps, puisqu'elle renferme l'édition originale du *Speculum morale*, considéré par M. Daunou comme un livre apocryphe.

Nous ferons encore une remarque au sujet du *Speculum quadruplex* imprimé par Mentelin.

La date de 1473, placée à la fin du *Speculum historiale*, et celle de 1476, qu'on lit à la fin du *Speculum morale*, donneraient à penser que l'éditeur n'a pas suivi, dans l'impression des diverses parties de l'œuvre de Vincent de Beauvais, l'ordre indiqué dans le prologue des manuscrits du quatorzième siècle. En effet, on lit dans le chapitre xivᵉ : *Idem vocabulum per singulos titulos placuit annotari. Ut videlicet primum vocent Speculum naturale, secundum vero Speculum doctrinale, tertium quoque Speculum morale, quartum Speculum historiale.* Nous croyons cependant que Mentelin ne s'est pas écarté de ce programme. Il aura commencé par publier les trois parties de l'œuvre de Vincent de Beauvais dans l'ordre suivi par l'imprimeur anonyme des *Speculum* en caractères *semi-gothiques*, et aura été amené, trois ans après, par le succès de sa publication, à imprimer le *Speculum morale*, qui parut seulement en 1476.

Il serait d'ailleurs difficile d'expliquer autrement, soit l'apparition du *Speculum historiale* (1473) avant celle du *Speculum morale* (1476), soit l'intervalle de trois années écoulées entre leur impression ; car il est impossible d'admettre qu'on ait mis trois ans pour imprimer un seul volume, quand on sait que les premiers avaient été publiés dès l'année 1473.

Nous ferons remarquer encore, afin de fournir un dernier argument à la thèse de M. Daunou, que le prologue de tout l'ouvrage ne se trouve pas dans le *Speculum morale* de Mentelin, de même « qu'il ne figure au commencement « d'aucun manuscrit de la prétendue partie morale, quand « nous savons qu'il devait se reproduire tout entier à la tête « de chacune d'elles. *Hunc prologum*, disait Vincent, *quia « pari jure correspondet unicuique parti, totum in cujuslibet « capite inserendum judicavi.*

IX.

Nous croyons, en terminant, devoir reproduire, sous forme de propositions, le résultat de notre travail.

1° L'édition du *Speculum quadruplex* de Vincent de Beauvais, attribuée, par les bibliographes les plus autorisés, à Jean Mentelin, est une édition factice (1).

(1) Il est certain que les nombreuses éditions du *Speculum quadruplex*, avec ou sans indices, qui parurent au quinzième siècle, en Allemagne, en Italie ou même en France (A), se mélangèrent souvent d'une manière fortuite. Cet état de choses amena plus tard, dans la consti-

(A) Dans moins de vingt années, dix éditions de ce volumineux ouvrage furent imprimées au quinzième siècle, soit en Allemagne, soit en Italie, soit en France. Les voici rangées par ordre de date :

1° Anonyme de 66 lignes..........	Strasbourg ?	1468 ?
2° Idem de 67 lignes...	Idem.	1470 ?
3° Mentelin, 62 lignes............	Strasbourg.	1473-76
4° Augsbourg....................	SS. Ulric et Afra.	1474
5° Paris	—	1474
6° Koburger....................	Nuremberg.	1483-86
7° Venise.....................	—	1484
8° Venise.....................	—	1493 ?
9° Venise...	—	1494
10° B. Buyer...................	Lyon.	1497

2° Les parties dont elle se compose appartiennent à trois éditions différentes. Elles sont constituées :

La première par l'édition semi-gothique de 66 lignes, renfermant un 𝕬 majuscule de forme singulière, non mentionné par les bibliographes ; ·

La seconde, par l'édition semi-gothique de 67 lignes, caractérisée par la présence des deux majuscules 𝕬 et 𝕽, signalées plus haut ;

La troisième, par l'édition en lettres rondes, de 62 lignes, portant la souscription de Mentel.

3° Le *Speculum morale* des éditions semi-gothiques de 66 et de 67 lignes n'a jamais été imprimé.

4° Le *Speculum morale*, en lettres rondes, de 62 lignes, imprimé par Mentel, et considéré comme apocryphe par M. Daunou, serait, selon nous, l'édition princeps de cette partie du *Speculum quadruplex*.

5° Nous ignorons complétement le lieu, la date de l'impression et le nom de l'imprimeur des éditions semi-gothiques.

Toutefois l'identité absolue de leur papier avec celui dont s'est servi Mentel pour l'impression de son édition, démontre qu'elles sont sorties des presses allemandes, strasbourgeoises peut-être (?).

6° Enfin l'imprimeur anonyme, contemporain de Mentel, a, selon toute probabilité, imprimé avant lui le *Speculum majus* de Vincent de Beauvais, et, par conséquent, nous croyons ne pas trop nous éloigner de la vérité en faisant remonter l'impression des *Speculum* semi-gothiques aux années 1468 et 1470.   Dr DESBARREAUX-BERNARD.

tution des exemplaires, une confusion et une disparité regrettables ; de là les erreurs qu'il serait sans doute facile de relever dans les bibliographies anciennes et modernes. Nous avons nous-même signalé une de ces erreurs dans l'exemplaire du *Speculum naturale*, de 66 lignes, de la bibliothèque de Toulouse, et nous croyons avoir démontré que l'édition mentelienne en présentait un exemple des plus remarquables.

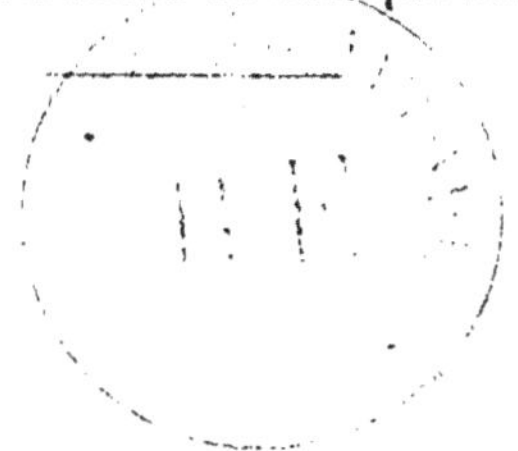

FIG. I.

Caractère Semi-gothique. Edition de 66 et 67 lignes.

AABCDEFGHILMNO
PQRRSTVXY3

Aut est p̄ se existens: & hoc ē substātia.
Aut non est per se: hoc est q̄ vocamus accidens.
Hec diuisio per cōtradictorias sit: inter quas me-
diuʒ nec cogitari nec intelligi potest. Accidentia q̄-
dem ophenduntur sensu: nullo mediāte. substantia
vero ratione mediante accidente. Q̄ autē vtriusqʒ
creator preter illa sit & largius esse habeat: ex siga-
euidētibus & miraculis cōuemētibus apud ρitissi-
mos manifestum. Ex his igit̄ ortum habent omnes
scientie. Nā quia substantia multiplicē recipit diui-
sionem multāqʒ ptium diuersitatē; hinc ortus ē nu-
merus: qui ē multitudo composita ex vnitatibus.
Et qʒ substātia naturaliter habet diuidi in isinicū

FIG. II.

Lettres rondes. Edition de 62 lignes — Mentelm.

ABCDEFGHILMNO
PQRSTVXY3

VINCENTII Beluacensis Sacre theo
logie doctoris eximii Ordinis frm predicatorum Speculum Morale in quo primo de virtutibus eas extollando . secūdo de quatuor no
uissimis & de morte nō timēda ob ß q̄ mors
malorum non est. tertio de vitiis ipsa carpēdo
disseritur. finit feliciter. Impressumqʒ ī mclyta
vrbe Argentinensium ac nitide terse emenda
teqʒ refertum per honorandū dnm Dnm Io-
hannem Mentelm artis impsforie magistrū
famosissimū. Anno a partu virginis salutifero millesimoquadringentesimoseptuagesimo
sexto. die mensis nouembris nona.

LETTRES DE SOMME.

AD noftram nonetis audientiam per
uenitte quod cum. R. laicus lator prefen
tinm ab. 2D. mntnum recipere voluif
fet: creditor ne per canoné contra vfura
rios eorum poffet iu poftetnm cónemtt
domos z olinas recepit ab eodé titulo
emptionis : cum reuera cunctus vfura
ri⁹ ageret: quo paret er eo quod creditor
debitori prewifit quod quiennque a fep
témo vfque ad nonénimm daret. lr. vn
ciastardcumm qué vir dimidiu inftr pre
tii contingebát domos eips reftitueret
z olinas.

Fournier . Manuel Typogr.

www.ingramcontent.com/pod-product-compliance
Lightning Source LLC
LaVergne TN
LVHW021706170726
843501LV00007B/2707